세계 보물 찾기 학습만화

타키·포요 ③ 탐정사무소

● 중국에서 탈출한 용을 찾아 주세요! ●

원작 캐릭온TV

의젓하고 이해심 많은 타키와 귀여운 허세 곰돌이 포오의 유쾌하고 신나는 모험 이야기를 담은 마인크래프트 영상을 제작하는 대한민국 최고의 스토리텔러 크리에이터입니다. 재치와 유머가 넘치는 타키와 포오의 진한 케미로 약 245만여 명의 유튜브 구독자들에게 큰 사랑을 받고 있습니다.

글 김언정

『타키 포오 얼렁뚱땅 상식스쿨』『흔한남매 과학 탐험대』시리즈 등 어린이들이 즐겁고 유익하게 읽을 수 있는 책을 만들기 위해 다양한 이야기를 쓰고 있습니다. 사랑스러운 동물들, 박진감 넘치는 스포츠, 흥미진진한 영화 등에서 영감을 받아 즐겁게 작업합니다.

그림 김규태

어느덧 20여 년째 만화를 그리고 있습니다. 조카 채아를 비롯해 아이들이 보고 웃을 수 있는 만화를 그리기 위해 오늘도 열심히 손을 움직이고 있습니다. 대표작으로는 『신비아파트 월화수목공포일』『만화 아머드 사우루스』시리즈 등이 있습니다.

세계 보물 찾기 학습만화

타키·포오 ③
탐정사무소

● 중국에서 탈출한 용을 찾아 주세요! ●

원작 캐릭온TV 글 김언정 그림 김규태

대원키즈

타키

포오 탐정 사무소의 든든한 조수! 침착하고 어른스러운 면이 있다. 미스터 마우스의 사건 의뢰로 괴도 물음표의 행방을 찾아 포오와 함께 세계를 모험한다.

포오

사건 사고를 몰고 다니는 허당 탐정이지만, 가끔 번뜩이는 해결책으로 사건을 해결한다. 미워할 수 없는 귀여운 매력을 지닌 곰돌이 탐정.

괴도 물음표

오직 재미를 위해 뛰어난 변장술로 세계를 돌아다니며 보물을 훔치는 트레저 헌터. 보물을 훔치기 전 물음표가 적힌 카드를 보내 괴도 물음표라 불린다.

미스터 마우스

세계의 보물을 후손에게 안전하게 물려주기 위해 일하는 〈세계 보물 찾고 지키기〉 협회의 부회장. 괴도 물음표를 붙잡기 위해 포오 탐정 사무소를 찾아가 사건을 의뢰한다.

차례

중국

1 쿵후 판다를 만나다!
-7-

2 아기 용아, 이리 와!
-31-

3 콩! 콩! 강시의 정체
-57-

4 소림사에서 화산까지
-81-

5 여의주를 찾아서
-105-

6 아기 용의 고향 장자제
-127-

① 쿵후 판다를 만나다!

9

와~!
말로만 듣던
만리장성이다!

와~!
엄청 길다!

이름은 만리장성이지만
실제 길이는 만 리보다 훨씬 더 길대요.
만 리는 약 4천 킬로미터인데
만리장성은 구부러지고 겹쳐 있는 성벽까지
생각하면 5천 킬로미터를 훌쩍 넘거든요.
인류가 만들어 낸
놀랍고 거대한 성곽이죠.

타키의 역사 문화 상식

① 중국에서 용이 탈출하다니, 이게 무슨 일이래? 미스터 마우스의

연락을 받자마자 포오랑 비행기를 타고 **중국의 수도 베이징**으로 날아갔어.

중국은 <u>아시아에서 가장 큰 땅을 지닌 나라</u>인 만큼 사람도 많고, 건물도

엄청 크더라고. **천안문 광장**엔 무려 한 번에 백만여

명이 들어갈 수 있대. <u>중국으로는 톈안먼이라</u>

부르는 이곳에서 1976년 4월에 중국 민주화

운동의 상징인 천안문 사건이 일어나기도 했지.

중국의 국기

② **세계에서 가장 큰 궁궐인 자금성**에서 중국 왕조 명나라와 청나라

황제가 머무르며 중국을 통치했대. 자금성은 15세기 초 명나라의 세

번째 황제인 영락제(1360~1424)가 수도를 난징에서 베이징으로 옮기며

만들었어. 영락제는 어린 조카를 내쫓고 반대 세력을 무자비하게 제거해

명나라 황제의 자리에 올랐대.

하나의 도시라 해도 지나치지 않은

자금성의 엄청난 규모와 자주색,

황금색이 어우러진 화려함이 당시

강력했던 그의 권력을 보여 주더라.

세계에서 가장 큰 궁궐, 자금성

포오의 탐정 수사 일지

만리장성을 빼놓고 중국을 말할 순 없지! 중국의 북쪽에 위치한 만리장성은 혼란스러웠던 중국의 춘추전국시대 때 처음 만들어졌대. 그 뒤 최초로 중국을 하나의 왕조로 통일한 진나라의 첫 번째 황제 진시황(B.C.259~B.C.210)이 완성했지. 지금 남아 있는 건 명나라 때 몽골의 침입을 대비해 추가로 성벽을 쌓은 거래. 길이만 해도 수천 킬로미터인데, 사람의 손으로 이렇게 긴 성을 쌓았다니 놀랍지 않아? 우리나라에선 넘을 수 없는 장벽을 비유하는 말로도 쓰인대. 고도 물음표! 그 녀석이 벽이 아무리 만리장성 같아도 꼭 붙잡고 말 거라고!

엄청난 길이의 만리장성

천안문 한가운데에는 **마오쩌둥**(1893~1976)의 초상화가 걸려 있었어. 마오쩌둥은 1949년 10월 1일에 중화인민공화국 수립을 선포하고 중국의 첫 국가 주석의 자리에 올랐는데, 이때 중국의 사회주의 경제를 크게 회복시켰어. 하지만 1966년 자본주의를 완전히 몰아내려는 문화 대혁명으로 수백만 명에 이르는 희생자를 내기도 했대. 무려 10여 년 동안 계속된 문화 대혁명은 1976년 마오쩌둥이 사망하면서 끝났지. 참, 중국의 모든 지폐에도 마오쩌둥의 얼굴이 그려져 있었어.

수십 년 전 중국 오지의
깊고 깊은 산속 동굴에서
우리 협회 탐사 대원이
어떤 알을 하나 발견했다네.

그 알을 가져와서
온갖 연구를 했지만
무슨 알인지
알아내진 못했지.

엑스레이는 물론
그 어떤 방법으로도 알에 뭐가
들어 있는지 알 수 없었어.
알껍데기에 흠집조차 낼 수 없었다네.
결국 연구를 포기하고
이곳 중국 지부 지하 정원에서
알을 보관해 왔다네.

저게 바로
상하이의 랜드마크인
'동방명주'라는 탑이야!

와~!
엄청 크다!

오옹?!
동방명주가 탑이었어?
근데 용이 왜
저 탑으로 가려 했지?
설마 관광?

그건 모르겠어.
도대체 아기 용이
무슨 생각을
하는 건지….

아니 근데
이 거대한 도시에서
그 작은 아기 용을
어떻게 찾아…?

그렇구나~
근데 이거
엄청 엄청 맛있다!

중국요리는
세계적으로 유명해.
바다가 가까운 상하이는
해산물 요리가 특히
유명하지.

반면
항저우라는 도시에선
육지에서 나는 돼지고기로 만든
동파육이란 요리가
유명해.

동파육

오호~ 중국요리는
매운 게 많은 줄로만 알았어.
마라탕!
그거 엄청 맵잖아!

그건 중국의 사천 지역에서
발달한 요리야.
마라는 얼얼한 맛을 뜻하는
'마'와 매운맛을 뜻하는
'라'를 합친 말이래.

↗ 마라탕

↙
마라롱샤

타키의 역사 문화 상식

① 베이징, 충칭, 텐진과 함께 중국의 4대 직할시 중 하나인 **상하이**는 원래 강과 바다를 낀 바닷가 마을이었대. 그런데 1840년 중국 청나라와 영국 사이에 일어난 **아편 전쟁**에서 청나라가 패하며 1842년에 **난징** 조약을 맺은 거야. 이 조약으로 중국은 강제로 상하이를 개항해 서구의 문물을 받아들였고, 20세기에 이르러 국제 도시로 거듭났지. 이러한 역사로 상하이엔 서양식 건물이 많이 들어섰어. 특히 상하이의 대표 관광지인 와이탄에 가면 서양의 근대식 건물이 쭉 늘어선 모습을 볼 수 있지.

② 아편 전쟁은 중국으로선 아픈 역사이지만 **상하이**는 그 뒤로 엄청난 경제적 성장을 이루었어. 20세기 초반엔 뉴욕, 런던과 어깨를 나란히 할 만큼 세계적인 금융의 중심지였대. 20세기 후반엔 중국이 본격적으로

상하이의 랜드마크 동방명주

상하이를 아시아의 금융, 물류 중심지로 개발하기 시작했어. 우리가 본 동방명주도 이때 만들어진 거야. 이 외에도 진마오타워, 세계금융센터, 상하이타워 등 엄청난 규모의 건축물을 만들었지. 그런데 너무 빠르게 경제 성장을 한 탓에 상하이는 빈부 격차가 심한 도시로도 유명하대.

포오의 탐정 수사 일지

하암~ 역사는 정말 어렵다니까? 든든한 타키 조수가 있어 정말 다행이군. 어헣! 어헣! 대신 나는 엄청 엄청 재미있는 **상하이의 볼거리를** 알려 주지! 중국을 배경으로 한 근대 서양식 건축물 거리인 **와이탄**은 이미 타키가 얘기해 줬지? 와이탄 말고도 명나라와 청나라 풍의 아름다운 정원 **예원**을 비롯해 각종 골동품과 중국의 전통 물품을 파는 상점이 늘어선 **칠보노가** 등 상하이엔 볼거리가 아주 많아. 참! 1919년 4월 우리나라의 광복을 위해 임시로 만들었던 **대한민국 임시정부**도 상하이에 있지.

화려한 상하이 예원의 야경

사실 내 전문은 바로바로 먹거리지! 중국 음식은 세계적으로 아주아주 유명해! 우리나라에서 마라탕이 유행하기도 했잖아? **마라는 중국 사천 지역의 여러 향신료를 이용해 만드는데, 맵고 얼얼한 맛을 의미하기도 한대.** 마라를 이용한 요리로는 마라 육수에 각종 채소, 고기를 넣어 끓인 **마라탕**, 마라소스에 갖은 식재료를 볶아 낸 **마라샹궈**, 마라소스에 민물가재를 볶은 **마라룽샤** 등이 있지.

사천요리, 마라룽샤

③ 콩! 콩! 강시의 정체

와~! 이게 네 전용 비행기야?

그래! 초고속 비행기라 용이 탄 비행기 정도는 금방 따라잡을 거야.

오~!

이 비행기 조종은 누가 하는 거야?

접니다.

끼아악!!

로, 로봇 수달?! 저리 가!

뿌욱

저 멀리 용이 타고 있는 것으로 보이는 비행기가 보이네요.

아앗! 저건가?

진시황의 무덤인
진시황릉에서 발견된
병마용갱이야!

와~
흙으로 만든 군사가
진짜 사람만 하네!
근데 진시황이 누구야?

진시황은 기원전 221년에
중국의 혼란스러운 전국시대를 통일한
진나라의 첫 번째 왕이야.
그의 무덤에서 발견된
이 병마용은 하나하나가
모두 훌륭한 예술품이지.

진시황
(B.C. 259~B.C. 210)

73

타키의 역사 문화 상식

① 정체를 알 수 없는 나쁜 자들로부터 용을 구출하고 잠시 공격을 피하려

진시황 병마용 박물관에 갔어. **병마용갱**이라고도 부르지. 참고로 갱은

광물을 파내기 위해 만든 땅속 굴이야. 진시황(B.C.259~B.C.210)의

무덤인 진시황릉에서 1.5킬로미터 정도 떨어진 곳에서 발견되었는데, **토굴**

안에 흙으로 빚은 수천 개의 진시황

병사와 말이 전시되어 있었어. 특히

병사 흙 인형은 표정, 얼굴 모양이

다를 정도로 섬세해 진짜 사람인 줄

알았다니까?!

진시황릉 근처에서 발견된 병마용갱

② 그 유명한 **진시황**은 기원전 221년에 최초로 중국을 하나의 왕조로

통일한 **진나라**의 첫 번째 황제야. 500년이 넘게 수많은 왕조가 싸움을

벌인 중국의 춘추전국시대를 끝내고 스스로 황제의 자리에 올랐지. 진시황은

영토뿐만 아니라 중국의 문자, 법, 제도까지 최초로 통일했대. 거대한

만리장성도 쌓았고 말이야. 당시 진시황의 권력은 어마어마했는데 가로

475미터, 세로 350미터 길이인 진시황릉의 규모만 보아도 당시 그의 힘이

막강했다는 걸 짐작할 수 있어. 참, 진시황릉은 아직도 전부 발굴되지

않았대.

포오의 탐정 수사 일지

진시황릉은 왜 아직까지 발굴되지 않았을까? 이거 이거 명탐정으로서 추리하고 싶어지는 미스터리한 문제란 말이지. 중국의 역사가 **사마천** (B.C.145~B.C.86 추정)이 쓴 역사책 『사기』에 따르면 진시황릉에는 인체에 해로운 독성 물질인 '수은'으로 만든 강과 바다가 흐른대. 하지만 사마천이 직접 진시황릉 안을 봤는지 알 수 없어서, 이 책의 내용을 완전히 믿을 순 없어. 그런데 1982년에 진시황릉 흙의 수은 함량이 근처 지역보다 훨씬 높다는 사실이 밝혀진 거야. 중국 정부에선 지금 기술로는 완벽하게 발굴할 수 없어서 미루고 있다는데, 도대체 진짜 이유가 뭘까?

아니 아니 웬 요괴가 콩! 콩! 뛰어와서 깜짝 놀랐지 뭐야? 알고 보니 **강시**로 변장한 고도 물음표였어. 중국의 요괴인 강시는 좀비랑 비슷한데, 청나라 때 타지에서 죽은 군인의 양쪽 겨드랑이에 긴 대나무를 끼워 옮기는 모습에서 유래했대. <u>청나라 복장, 이마의 부적, 통통 튀는 모습</u>이 특징이지. 고도 물음표를 붙잡으려 했는데 아기 용을 쫓는 게 시급하기도 하고 우리를 도와준다고 해서 일단 봐주기로 했어. 근데 도둑 녀석이 웬일이지? 흐음…!

강시로 변장한 고도 물음표

4 소림사에서
화산까지

저는 우 선사님을 모시는 동자승입니다. 우 선사님을 만나 뵈러 오셨다고요?

네! 꼭 여쭤볼 게 있어서요!

저런… 어쩌죠?

왜, 왜요?!

우 선사님은 지금 삼 년째 면벽참선 수행 중이시라 절대 뒤를 돌아보지 않으십니다….

아니! 이, 이럴 수가…!

그럼 벽을 보면서 대답만이라도 해 주시면….

수행 중엔 늘 벽을 보고 어떤 말도 하지 않으십니다. 그게 바로 면벽 참선이지요.

흐음….

앗! 슈크림 붕어빵이랑 꿀호떡이다!

어디?! 붕어빵이랑 호떡이 어디 있어요?!

어휴… 우리 선사님이 그 정도 유혹에 돌아보시겠습니까?

쳇!

우왓! 다이아몬드가 땅에 한가득 떨어져 있잖아?!

선사님은 그 어떤 일에도 절대 안 흔들리신 다니까요.

꺅!
유에프오에서
외계인이
내려오고 있어!!

움찔

으아!
아까웠다! 약간
움찔하셨는데.

와~!
유에프오를 참다니
정말 대단하시다!

선사님….

외계인에도
안 돌아보시다니!
정말 존경스럽습니다….

응?
배낭 안에 이건
뭐예요?

수행보단 용이 중요하지. 그때 그 알이 진짜 용의 알이었구려. 용이라, 참으로 놀랍구만.

선사님, 용의 알을 어디서 발견하신 거예요?

아! 뭔가 오해가 있었나 보구나.

예? 그게 무슨….

알을 발견한 건 고고학자였던 내 친구란다. 난 그 친구 부탁을 받고 알을 넘겨받아 협회에 가져다주었을 뿐이야.

아….

그, 그럼 그 친구분은 지금 어디에….

으하하~! 드디어 찾았군!

?!

두

동

여기가
실크로드의 시작점이라고?
와~ 고풍스러운
옛날 건물이 많네~!

응! 여기는
'시안'이라는 도시야.
옛날엔 '장안'이라고
불렀대.

타키의 역사 문화 상식

⭐

① 체육관이 아니라 소림사에서 쿵후를 배우다니, 팡팡이 무슨 말을 하는 건가 싶지? '우슈'라고도 부르는 **쿵후**는 사실 **소림사에서 시작되었거든.** 오래전부터 소림사의 승려들은 수양의 일부로 소림 무술을 연마했지. 7세기 중반 당나라 초로 거슬러 올라가면, 당시 나라가 혼란스러웠는데 소림사 승려가 황제 태종(599~649)을 도와 난을 진압했어. 그 뒤로 태종은 소림사 승려의 쿵후 수련을 지원했고, 소림사는 중국 무술의 중심지가 되었어. 천하의 무술은 소림사에서 나온다는 말도 있다.

쿵후 하는 타키 포오

⭐⭐

② 황 교수님을 찾아 떠난 **시안**은 진나라부터 당나라까지 천 년이 넘는 세월 동안 중국의 수도였던 **장안이** 자리했던 도시야. 특히 **동서양의 문명을 잇는 실크로드의 시작점으로 유명하지.** 실크로드라는 이름은 19세기 독일의 어느 지리학자가 지었는데, 비단길이라는 뜻이야. 비단을 매개로 중국과 서양의 교역이 이루어졌었거든. 시안에서 시작해 타클라마칸 사막을 거쳐 이스탄불까지 교역을 했는데, 후대엔 이탈리아 로마와 우리나라 신라의 경주, 일본의 교토까지 뻗어 나갔대.

포오의 탐정 수사 일지

아이 참~ 팡팡이 쿵후 고수라고 해서 내 두 번째 조수로 고용할까 했더니 소림사 주방장의 보조였대! 오? 포오 탐정 사무소의 주방장으로 데려올까?! 아무튼 팡팡은 중국을 상징하는 동물인 **자이언트판다**야. **대나무를 주식으로 먹는 자이언트판다는 귀여운 흑백 무늬가 특징인데,** 다른 곰과 달리 겨울잠을 자지 않아 눈 덮인 산에서 적의 눈을 피하려고 흰색 무늬가 생겼다는 설이 있어. 이 설에 따르면 팔과 다리의 검은색은 어두운 그늘에서 쉽게 몸을 숨기려고 진화했대.

대나무를 먹는 자이언트판다

당나라 승려 현장(602~664)도 동서양을 잇는 실크로드를 따라 인도 여행을 다녀왔는데, 이 여행기를 글로 남겼다. 이 글 중 어느 전설에서 영감을 받아 중국 명나라 때 오승은(1500~1582)이라는 사람이 소설을 지었지. 바로 그 유명한 중국의 고전 『서유기』야. 삼장법사와 손오공, 저팔계, 사오정이 천축에 가서 불경을 가지고 돌아오기까지를 그린 작품이지. 참, 그중 손오공은 우리가 황 교수님을 만난 화산에서 태어났대!

어으…
고, 고맙네.

휴….

너무 놀라서
갑자기 날개 쪽 근육이
굳었지 뭐야.

세상에…
용이라니….

어디 보자…
수십 년 전 내가 그 알을 발견한 건
아주 우연히 일어난 일이었다네.
당시 젊은 고고학자였던 나는
첩첩산중 깊은 곳에 있는
한 마을을 조사하러 갔었지.

그 마을엔
오래된 전설이 하나 있었는데
아주 옛날엔 그곳이
깊은 호수였다는 거야.

마을 사람들은
그 호수를
'용의 호수'라고
불렀다더군.

111

중국 삼국시대 때
유비가 세운 촉나라의 수도이자
자이언트판다와
매운 사천요리로 유명한 도시
'청두'라네.

삼국시대면
그 유명한 『삼국지』의
유비, 관우, 장비가 있던
시대잖아.
얼마나 오래된 거야?!

오! 포오,
어떻게 알았어?
중국의 삼국시대
역사책인 『삼국지』엔
제갈량, 조조, 사마의 등
수많은 역사 인물이
나오잖아!

타키의 역사 문화 상식

⭐

① 중국 고대에서 유래한 **사신**은 현무, 백호, 청룡, 주작을 가리키는

말이야. 사령이나 사수라고 부르기도 하지. 상상 속 동물인 이들은 동서남북

네 방위를 맡아 지킨대. 푸른 용인 **청룡**은 동쪽, 흰 호랑이인 백호는 서쪽,

중국 전설 속 새인 봉황의 모습을

한 주작은 남쪽, 뱀과 거북을 합친

듯한 현무는 북쪽을 각각 맡고

있지. 사신은 중국뿐만 아니라

동양에서 통하는 이야기야.

⭐⭐

② 낙산대불을 보러 포오와 함께 방문한 **청두**는 중국 사천 지역에 있는

도시야. 중국 삼국시대 때 유비가 세운 나라 촉한의 수도였대. 매운맛의

사천요리와 자이언트판다가 유명해. 무려 9천 제곱킬로미터가 넘는 크기의

자이언트판다 기지가 청두에

있거든. 중국 삼국시대와 청나라

시대의 역사와 문화를 엿볼

수 있는 관광지인 진리

옛거리도 정말 멋졌어.

『삼국지』의 도시, 청두

포오의 탐정 수사 일지

청두에 다녀왔는데, 『삼국지』 얘기를 빼놓을 수 없지! 『삼국지』는 중국 진나라 때 진수(233~297)라는 사람이 지은 위나라, 촉나라, 오나라 삼국의 정사야. 정사는 정확한 사실의 역사와 기록을 뜻해. 우리가 잘 아는 소설 『삼국지』는 정사 『삼국지』를 토대로 중국 원나라 말기와 명나라 초기에 활동한 작가 나관중이 지은 긴 역사 소설로 『삼국지연의』의 줄임말이지. <u>유비, 관우, 장비가 복숭아나무 아래에서 의형제를 맺는 도원결의(桃園結義)</u> 장면이 아주아주 유명한 소설이야.

산 절벽 하나를 그대로 깎아 만든 **낙산대불**은 높이만 해도 70미터가 넘는대. 실제로 보니 엄청나더라고. 얼마나 그면 낙산대불을 두고 불상이 하나의 산이고, 산이 하나의 불상이라는 말도 한대. 알고 보니 **고대에 만들어진 세계에서 가장 큰 마애석불**이었는데, 마애석불은 자연 암벽에 조각한 불상이야. 근데 커다란 불상의 귀에 보물을 숨겨 두다니, 아무리 생각해도 기발하단 말이지. 어헣 어헣!

절벽을 깎아 만든 낙산대불

6 아기 용의 고향
장자제

코끼리의 엄니인 상아를 잘라 내려고 아프리카의 제왕이자 똑똑한 동물인 코끼리를 총을 쏘아 쓰러트린 거야.

그럴 수가! 말도 안 돼!

그래서 그 코끼리는 어떻게 됐어…?

다행히 숨이 붙어 있어서 내가 비행기로 바로 옮겨 잘 치료해 줬지.

지금 새끼랑 어미 코끼리 둘 다 건강하니 걱정 마.

타 타 타

동물병원으로 이송 중입니다!

너… 좋은 녀석 이었구나?

동물을 보호하는 건 당연한 일이지.

근데 왜 도둑질을 하는 거야?

그건 나의 취미~ 후훗!

메롱

138

수달 집사,
내 알이 있던 동굴에
가 보고 싶어.

바로 아래쪽에
그 동굴이 있습니다.
그럼 착륙하겠습니다.

142

어, 엄마…!!

와아아…!

됐다.

용 사냥을
시작한다.

149

우리가 용을 잡는 데 겨우 수십 명의 요원만 데리고 왔겠냐?

뭐?! 그럼…!

전 세계 밀매 조직이 연합해 무려 천여 명이 넘는 우리 조직원이 곳곳에 숨어 있지.

용을 데리고 갈 비행기들도 거의 도착했군. 저 용의 가치는 천문학적인 액수가 될 거야! 우린 이제 모두 부자다~!

쿠쿠쿠

이런… 이건 내 예상 밖인데….

저도 저렇게 많은 조직원을 상대하기엔 힘이 모자랍니다.

안 돼! 이대로 용이 잡혀가게 둘 수 없어! 야~ 덤벼!

포오! 하지만….

어리석은 인간들아….

인간이 감히 용을 상대할 수 있을 거라고 생각하느냐…?

아직 용의 세계로 통하는 문이 열려 있다는 걸 모르느냐…?

와아앗!!

저, 저기 봐!

151

타키의 역사 문화 상식

⭐

① 잠수함도 되는 비행기를 자가용으로 타고 다니다니, 도대체 고도 물음표는 얼마나 부자인 걸까? 설마 세계 보물을 팔아서 부자가 된 건 아니겠지? 이번 수사만 끝나면 모조리 파헤쳐 주겠어! 고도 물음표의 비행기는 마치 우주를 배경으로 한 할리우드 영화 〈스타워즈〉의 비행선 같았어. 참, 중국이 **우주 산업**으로 엄청 유명한 거 알고 있었어? <u>우주 산업을 키우기 위해 막대한 투자를 했대.</u> 중국의 텐궁 우주 정거장엔 수족관도 있다고 하던데, 놀랍지 않아?

⭐⭐

② 중국 최초로 국가삼림공원으로 지정된 **우링위안 세계지질공원**에는 정말로 미국 할리우드 영화의 배경이 된 곳이 있어 . 바로 <u>영화 〈아바타〉</u>의 배경으로 더욱 유명해진 **장자제**야.

신선이 살고 있을 것 같은 장자제

우링위안 세계지질공원의 정식 이름은 무릉원 세계지질공원인데, 신선이 산다는 무릉도원에서 따온 말이래. 장자제에 가 보니 무성한 숲과 길쭉하게 뻗은 수많은 봉우리 등 정말로 신선이 살고 있을 것만 같더라고! 오랜 세월 동안 비, 바람 등 자연의 손길을 거쳐 만들어진 그림 같은 멋진 풍경의 대자연이었어.

포오의 탐정 수사 일지

🔍 장자제에서 내가 아기 용한테 여의주를 완전 멋지게 던지는 거 봤어? 어헝 어헝! 근데 사실 용은 실제로 존재하지 않고 상상 속에서 만들어 낸 동물이야. 하지만 오래전 우리나라와 중국에선 용이 왕과 황제를 상징할 만큼 강력한 존재로 여겨 왔지. 민간에서는 용한테 간절한 소원을 빌었다고도 해. 『삼국사기』같은 옛 문헌에 따르면 우리나라의 용은 중국에서 한국으로 들어온 거라고 추측된대.

🔍 서양에도 용이 있다는 사실 알고 있었어? 드래곤 말이야! 서양에서는 용을 날개를 펼쳐 하늘을 날아다니며 인간과 가축에 불을 뿜어 해로움을 끼치는 나쁜 존재라 생각했대. 반면 동양에서는 땅, 하늘, 물을 오가는 용을 마치 무엇이든 할 수 있는 힘을 지닌 신처럼 생각했어. 용의 생김새도 보면 서양의 용은 날개를 갖고 있지만,

동양의 용은 대부분 그렇지 않아. 물론 가끔 날개가 그려진 동양의 용도 있긴 하대. 그건 그렇고 장자제에서 어른 용이 네 마리나 내려왔는데, 다음 권에선 어떤 모험이 펼쳐질까? 기대해 줘~!

① 중국 왕조의 옛 궁궐이자 세계에서 가장 큰 궁궐의 이름은?

② 상하이의 명물이자 얇은 만두피 안에 뜨거운 육즙을 가득 담은

만두는?

　① 교자　② 물만두　③ 샤오롱바오　④ 딤섬　⑤ 군만두

③ 최초로 중국을 통일시킨 진나라 제1대 황제 무덤의 이름은?

④ 실크로드의 시작점이자 중국 당나라의 수도였던 곳의 과거 이름과

현재 이름은?

　· 과거:　　　　　　　　· 현재:

⑤ 다음 중 동쪽을 지키는 동양의 사신은?

　① 청룡　② 백호　③ 주작　④ 현무

정답은 책의 맨 뒤 페이지를 확인해!

다음은 어떤 나라의 보물을 훔치러 가 볼까나~?

타키 포오 탐정 사무소

중국 보물 지도

 중국(China) 3줄 요약

☐ 중국은 아시아에서 첫 번째, 세계에서 네 번째로 큰 땅을 지닌 나라야.

☐ 세계 4대 문명 중 하나인 황하 문명이 중국의 황하강에서 생겨났는데, 그만큼 오랜 역사와 전통을 지닌 나라이기도 하지.

☐ 특히 중국은 수많은 왕조로 유명한데 20세기 초 청나라 때 일어난 신해혁명으로 청나라의 마지막 황제가 물러나고 주권이 국민에게 있는 공화국이 되었어.

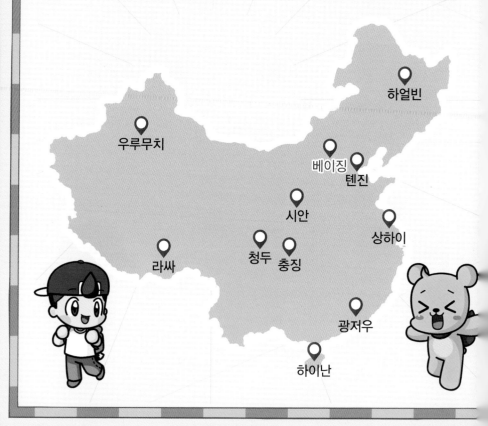

하얼빈

우루무치

베이징
톈진

시안

상하이

라싸

청두 충징

광저우

하이난

천안문

중국 제1대 주석 마오쩌둥의 초상화가
걸려 있는 중국의 역사적인 성문.

쿵후

손과 발만을 이용해 공격하는
중국의 전통 무술.

만리장성

춘추전국시대부터 시작해 진시황제를 거쳐 완성된
수천 킬로미터 길이의 성.

낙산대불

돌로 만들어진
세계에서 가장 큰 당나라 불상.

진시황릉

중국을 최초로 통일한 진나라 제1대
황제 진시황(B.C.259~B.C.210)의 무덤.

장자제

유네스코 세계자연유산이자 사암 기둥과
산봉우리 사이의 협곡으로 이뤄진 대자연이 있는 곳.

괴도 물음표의 중국 퀴즈 정답

1 자금성   2 ③ 샤오롱바오   3 진시황릉

4 과거: 장안, 현재: 시안   5 ① 청룡

● 중국에서 탈출한 용을 찾아 주세요! ●

2025년 2월 12일 1판 1쇄 인쇄
2025년 2월 21일 1판 1쇄 발행

원작 캐릭온TV
글 김언정   **그림** 김규태
정보 대원키즈 편집부

발행인 황민호
콘텐츠3사업본부장 석인수
편집장 손재희   **책임편집** 이유리
디자인 디자인 레브

발행처 대원씨아이㈜ www.dwci.co.kr
주소 서울시 용산구 한강대로 15길 9-12
전화 02-2071-2156(편집)   02-2071-2066(영업)
팩스 02-794-7771
등록번호 1992년 05월 11일 등록 제3-563호

ISBN 979-11-423-0778-2 (74900)
          979-11-7245-658-0 (세트)

용사 지망생 포오와 만능 발명가 타키의

 좌충우돌 모험 액션!

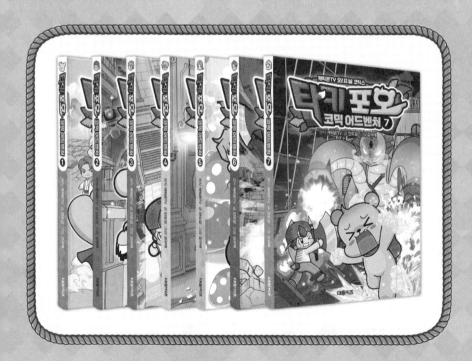

세계 최고의 천방지축 콤비,
타키와 포오의 모험이 지금 시작된다!

타키·포오의 이세계 여행사

헤매헤매 여행사의 문을 두드리면,
이세계로 가는 길이 열린다!

'아무도 가보지 않은 길'을 찾아 떠나는
타키, 포오, 델 삼총사의 이세계 여행기!